AF410905

PRÉCIS HISTORIQUE

SUR LA

RÉVOLUTION D'IRLANDE,

Suivi d'inductions relatives à celle qui s'opère à St-Domingue.

PAR M. DE CH******, Député Suppléant de St-Domingue.

À PARIS,

Chez CLOUSIER, Imprimeur du ROI, rue de Sorbonne.

1790.

PRÉCIS HISTORIQUE

SUR LA

RÉVOLUTION D'IRLANDE,

SUIVI d'inductions relatives à celle qui s'opère à St-Domingue.

L'Irlande — St-Domingue ! Par quel ascendant impérieux puis-je donc être constamment entraîné vers le rapprochement de deux objets qui semblent se fuir & n'offrir que des contrastes au premier aspect.

Situation géographique, climat, productions, population, esprit national des deux peuples, proportion des forces, proximité de la puissance protectrice, tout repousse pour ainsi dire la comparaison, & cependant en ce moment où il s'agit de former une Constitution à la Colonie de St-Domingue ; où tout citoyen, animé du bien public, a droit de concourir à ce grand ouvrage, je me sens pressé par des rapports, non de ressemblance, mais d'analogie.

L'Irlande s'est créé elle-même une Constitution : St-Domingue, avec l'autorisation même de l'Empire duquel il a toujours dépendu, va s'en créer une.

Sous ce point de vue seul les distances se rapprochent, elles s'évanouiront prefqu'entièrement en donnant pour bafe, à l'édifice qu'il s'agit d'élever pour une vafte Colonie, ce qui en a fervi pour la régénération d'un Royaume que l'on pouvoit regarder, avant fa révolution, comme une colonie de la grande Bretagne ; *le Bonheur des citoyens, la recherche de toutes les convenances locales.*

Telles font les bafes communes aux deux peuples : en un mot ils ne different que par les objets phyfiques & nous ne chercherons point à dénaturer ces différences; mais tout ce qui convient à l'un fous les rapports métaphyfiques de la politique actuelle, convient parfaitement à l'autre.

Je conjure les lecteurs de ne tirer aucune induction de cet apperçu préliminaire : qu'ils les réfervent, comme de raifon, pour la fuite des conféquences que je tirerai, moi-même, des faits dont je vais tracer un développement fuccinct.

Quoique mon objet ne foit pas d'écrire l'hiftoire d'Irlande, il importe néanmoins d'en préfenter un abrégé. L'efprit s'épanouit à l'idée d'un peuple libre mais pour bien en faire fentir tout le charme, il faut d'abord montrer ce peuple fous l'enveloppe épaiffe de plufieurs fiècles d'efclavage.

Le tableau d'une troupe fous les armes eft un tableau commun, infipide & froid; mais qu'un habile Peintre repréfente Jupiter, faifant fortir d'un vieux chêne de la Forêt de Dodône une quantité prodigieufe de fourmis qu'il transforme en foldats ;

(5)

le tableau est vivifié, il devient très-intéressant. Comme écrivain je n'ai pas la prétention d'être peintre, habile encore moins; mais je parlerai d'histoire, & en ce genre, les moindres traits sont sûrs d'intéresser.

Abrégé historique de l'Irlande.

Il seroit difficile de fournir un modèle, de dépendance plus absolue, que celle où l'Irlande a été assujettie par l'Angleterre pendant cinq ou six siècles. Son état de servitude étoit tel, qu'il en résultoit une sorte d'abrutissement qui rendoit ses peuples inabordables. Ils ont été sans police, sans loix, sans industrie jusqu'au dix-septième siècle : à peine les Anglois en retiroient-ils de quoi subvenir aux dépenses qu'exige un pays conquis & si voisin de ses conquérans, & cette Nation, si politique, s'étoit tellement accoutumée à n'avoir, de ses voisins que l'idée de la barbarie la plus grossière, qu'elle dédaigna de les policer.

Au lieu de proposer ses loix, (& c'étoit le seul moyen de faire germer, dans cette terre ingrate, tous les avantages de la société, ceux du commerce, & de former enfin des liens solides & propres à rendre la dépendance aussi douce qu'immuable) l'Angleterre fut sourde à la demande qu'à diverses reprises les Irlandois réitérèrent. En un mot, pendant la durée de trois ou quatre cents ans, les anglois ont traité, en sauvages & en bêtes féroces, ces hommes

A 3

que l'identité du climat, le voifinage & tant de rapports néceffaires les portoient à civilifer. C'eût été même faire trop de frais que d'employer un corps d'Armée à les maintenir fous le joug.

On conçoit aifément l'effet de ce mépris. L'horreur des Anglois & le fentiment de la révolte couvèrent profondément dans l'ame de ces braves infulaires. Un fol inculte, qui n'offroit de toutes parts que des forêts marécageufes & prefqu'innaceffibles, fervit de rempart à la liberté & même à la vie de ces malheureux. C'eft dans ces retraites, vrais repaires d'animaux fauvages, que la fermentation de la vengeance, du dédain le plus accablant, a préparé de loin le règne de la plus heureufe indépendance.

L'animofité des Irlandois fut pouffée à un tel excès que, dans une émeute inteftine, ils maffacrèrent leurs propres compatriotes. Tous les habitans de la Ville d'Atheury furent exterminés, uniquement, parce qu'ils fembloient vouloir adopter les mœurs angloifes.

De ces fiècles de barbarie, paffons rapidement au règne d'Elifabeth. Ce fut alors feulement que l'Angleterre fixa fon attention fur l'Irlande.

Elifabeth, cette Reine fi habile à faire jouer tous les refforts de la politique, reconnut les fautes inexcufables que fes prédéceffeurs, au trône de la Grande-Bretagne, avoient commifes relativement à leurs voifins. Quel remède y apporta-t-elle?

Les moyens les plus doux, des procédés concilians, fembloient devoir être les armes qu'emploieroit une femme pour apprivoifer un peuple fi fort aigri ; mais non : foit faux calcul en politique, foit que la Souveraine, dont le règne eft odieufement célèbre, par 18 ans de prifon & par la mort d'une Princeffe que tant de beauté, d'efprit, de graces & de qualités rares rendoient refpectable, foit, dis-je qu'Elifabeth fût deftinée à former un éternel contre-fens avec la douceur de fon sèxe, elle ne mit en ufage que les armes & tous les efforts de la rigueur.

Quel que fût ce fyftême politique, quelles qu'en fûffent les fuites, comme je n'ai pas entrepris de fuivre, graduellement & en détail, une hiftoire qui n'offre qu'une férie monotône des mêmes faits, je paffe rapidement fur quatre fiècles & demi d'un defpotifme conftamment exercé avec tout l'appareil de la guerre, & je me hâte d'arriver au dix-huitième fiècle, époque, à laquelle les Irlandois reçurent les premiers germes de la civilifation.

Jacques premier, Roi le plus idiotement Théolo-gien qui ait jamais exifté, & à qui cependant il n'a peut-être manqué pour jouer un rôle intéreffant dans l'hiftoire que de confacrer à la fcience du gouver-nement l'étude de la religion qu'il pouffa jufqu'au fanatifme, Jacques tira, du moins, de cette fource, fatale à tant d'empires dans les annales du monde, le projet de civilifer les Irlandois. Il leur fit con-noître la loi des propriétés, ce qui me fait dire avec confiance que ce Roi d'Angleterre fût en 1612 le fondateur de l'indépendance que l'Irlande se procura en 1779. Qu'on y réflechisse, rien ne tient de plus près à la liberté que la loi des propriétés. Son premier effet avoit été d'affoiblir considérablement l'empire austère de la féodalité, de réduire l'emploi des troupes à la force protectrice. Un code de loix pénales fût le second échelon vers la liberté; l'agriculture enfin fleurit, & ces plages marécageuses, ces bois impénétrables se changèrent en plaines fertiles.

Combien ces premiers pas eussent été rapides, si les successeurs de Jacques premier eussent suivi ses principes politiques envers l'Irlande; mais Cromwel s'écarta cruellement de la route qui lui étoit tracée : au système de police, à l'empire naissant de la législation, il substitua l'ancien régime de la tyrannie. Des armées dévouées au carnage, le fer, le feu, le massacre général d'une nombreuse garnison, dont un seul soldat a échappé à la mort; tels furent les procédés par lesquels Cromwel changea l'Irlande presqu'en désert. Plus de trente mille familles, en 1649 s'exilèrent de leur patrie infortunée, pour aller servir chez les étrangers, & l'on conçoit que ceux des Irlandois qui ne suivirent pas cette émigration, reprirent avec un redoublement de fureur leur animosité contre les Anglois.

Envain, quarante-deux ans après cette époque, Guillaume trois & Marie accordèrent-ils des immu-

(9)

nités, des priviléges, la liberté de confcience & même
celle de fe retirer avec fa famille & fes effets en
France où Jacques fecond s'étoit refugié; il n'y eut
aucun parti que les Irlandois ne préférâffent à celui
de fe foumettre au gouvernement d'Angleterre.

N'allons pas plus loin : cette digreffion hiftorique
ne nous a que trop détournés de notre objet. Deux
confidérations m'ont porté à m'y livrer.

1°. J'ai cru important de préparer à l'époque de
la révolution de l'Irlande, en faifant en raccourci le
tableau des principaux fiècles de defpotifme qui ont
rendu cette révolution inévitable.

2°. Ma narration jufqu'ici peut être mife de côté
comme hors-d'œuvre & ne fixer l'attention du lecteur *qu'à l'époque du* 18 *Mars* 1779.

Epoque du 18 Mars 1779.

Circonftances qui ont favorifé & marqué l'indépendance
des Irlandois.

Timeo Danaos & dona ferentes, — voilà en quatre
mots l'hiftoire de la fciffion de l'Irlande avec l'Angleterre.

Deux bills pafsèrent au Parlement britannique
dans la feĉtion du 18 Mars 1779. L'un permettoit
aux Irlandois la culture du tabac, & l'autre encou-
rageoit celle du chanvre.

C'eft donc une conceffion qui a caufé l'infurreĉtion;
c'eft en fe relâchant d'une dépendance abfolue que
les Anglois ont produit une indépendance abfolue :

cela femble étrange & rien n'eft plus fimple. Le plus sûr moyen de révolter eft de fe parer d'un don lorfqu'on ne fait qu'une reftitution ; c'eft l'avis le mieux caractérifé d'une ufurpation ; les deux bills furent donc reçus par les Irlandois comme une infulte faite à leur misère, & toutes les tentatives fubféquentes, pour ajouter à leur fatisfaction, ne firent qu'accroître le fentiment de leur force.

Le Parlement britannique offrit, envain, à fes voifins, de continuer fes féances pour travailler efficacement à leurs intérêts; chaque pas en arrière de fa part, fit aller les autres en avant. Difons tout auffi. La circonftance de la guerre d'Amérique étoit favorable à toute entreprife d'infurrection contre les Anglois.

Les Américains feptentrionaux donnoient à l'Univers une formidable leçon fur ce que peut une Nation lorfqu'elle combat contre la tyrannie, ce n'étoit point un peuple de guerriers, de foldats difciplinés & exercés aux règles de la tactique; ce n'étoit pas une marine redoutable par le nombre & la force de fes vaiffeaux. Sans autre avantage que celui de combattre dans fes foyers, ce peuple valeureux, fier de défendre fa liberté contre l'oppreffion, fembla n'appercevoir aucune difproportion dans les forces refpectives, & la crainte de fuccomber n'altéra point fon courage.

La France, à la vérité, par fon alliance avec les Etats-Unis de l'Amérique, opéroit une puiffante diverfion. Des efcadres & une armée de terre, françoifes, obligèrent les Anglois à employer toutes leurs forces de terre & de mer en Amérique; ils tirèrent même de l'Irlande de puiſſans renforts de troupes. Rien de plus heureux ſans doute que ce concours d'événemens étrangers dont les Irlandois ſurent profiter.

Des aſſociations partielles contre l'achat & contre l'emploi des marchandiſes fabriquées dans les manufactures angloiſes, des délibérations publiques ſur l'importance d'encourager les manufactures du pays, & d'en établir de nouvelles, étoient devenues depuis long-tems des objets de ſpéculation, ſans que les Irlandois s'aviſâſſent de concevoir qu'ils pouvoient exiſter, par eux-mêmes, comme un royaume indépendant ſous les rapports intérieurs de la légiſlation, de la police, de la culture & du commerce.

Le haſard des circonſtances développa le germe de cettte grande idée. Les aſſociations devinrent régulières & univerſelles; les loix qui en émanèrent eurent réellement force de loi, quoiqu'elles ne fûſſent que des conventions.

Les premières furent de ne pas tolérer l'importation de certaines marchandiſes qu'on déclara *prohibées*; la conſommation de celles qui étoient déjà introduites fut même défendue ſous des peines très-graves : les dénonciations à la vindicte publique furent exigées non-ſeulement contre tout infracteur de cette convention, mais encore contre tous ceux qui importeroient & vendroient ces marchandiſes prohibées.

Il n'eſt pas inutile de dire ici que, par ce règlement ſeul & malgré l'état de foibleſſe, d'enfance pour ainſi dire, où les manufactures étoient alors en Irlande l'économie y fut d'un million ſterling, qui paſſoit tous les ans dans la Grande-Bretagne uniquement pour cet objet.

» Cette épargne conſidérable (diſoient les Irlandois) » nous fournira une compenſation, ou une réparation » de tant de griefs *& de détreſſe* (1). Quelle ſatisfaction » pour nous d'acquérir un tel moyen d'abattre & de » punir l'orgueil & l'ingratitude de Mancheſter & » de Glaſcow, villes que nous avons ſi conſtamment & » ſi prodigieuſement enrichies par le commerce qu'elles » ont fait avec nous; villes, qui malgré tant d'avan- » tages puiſés dans notre ſein, ont toujours été les » premières à ſe plaindre & à s'oppoſer, avec plus » d'efficacité, à notre ſoulagement, à annuller enfin, » toutes les meſures de réforme qui avoient été » propoſées pour ce Royaume «.

Quand la froide raiſon agit ainſi ſur l'eſprit d'un peuple aigri par le deſpotiſme, il eſt bien près de devenir libre; mais il ne ſuffiſoit pas de pourvoir à des règlemens domeſtiques & commerciaux, il falloit de plus une organiſation militaire : les circonſtances favoriſèrent encore en cela les Irlandois.

A l'occaſion de pluſieurs mouvemens dans les ports

---

(1) Les expreſſions m'ont paru ſi énergiques que j'ai cru devoir employer la traduction littérale.

de France, le bruit d'une defcente des François en Irlande fe répandit & excita la plus grande activité à pourvoir à la défenfe du Royaume. Citons encore littéralement les Orateurs ; écoutons-les développer les principes les plus vigoureux.

» Et pourquoi, déformais attendre notre fûreté
» de la part d'une puiffance qui nous eft étrangère?
» nous formons un vafte Royaume; la mer femble
» féparer toute autre contrée de celle-ci. Il s'agit de
» nous défendre, & à qui cette force peut-elle
» effentiellement appartenir , fi ce n'eft à ceux
» qui y ont un intérêt immédiat. L'Etat, c'eft ainfi
» qu'ils nommoient l'Angleterre, l'Etat ne peut ni
» ne veut nous défendre efficacement ; de plus le
» genre de défenfe que nous en avons obtenu jufqu'à
» préfent eft ruineux pour nos finances & pour notre
» liberté «.

A peine ces principes eurent-ils circulé que des affociations militaires fuccédèrent aux affociations puremont civiles ; voici ce que l'on y entendoit.

» Armons-nous tous, armons-nous, un double
» motif nous en fait la loi. Des ennemis étrangers
» menacent notre pays , & une *ufurpation domeflique*,
» pire que l'autre, nous appelle au foutien de nos
» droits naturels; *nous n'avons befoin que de protec-*
» *tion* : obtenons-la de la Grande-Bretagne *en lui*
» *reflant affectionnés & loyaux envers fon Roi* : (1) c'eft

____

(1) Quelle grande & belle expreffion.

» enfin de cette *loyauté* feulement, & de cette
» *affection*, dont nous offrirons l'hommage digne
» d'une Nation génereufe, que nous pouvons efpérer
» *liberté & profpérité* «.

On vit alors fe former de toutes les parties du
Royaume, & comme *par magie*, des corps nombreux
de citoyens armés. Chacun fe fit un devoir de fervir
à fes propres frais. Les Officiers furent choifis parmi
ceux qui avoient quelqu'expérience & ils trouvèrent
dans leurs foldats une fubordination & une régula-
rité exemplaires.

Tout Noble, tout Gentihomme qui n'auroit pas
indiftinctement concouru à la caufe commune eût
été obligé de fuir & de fe cacher, la nobleffe entière fe rangea donc (*& gaiement*) fous la bannière
de la patrie & de la liberté. Les gens riches même
Claffe fi éloignée de l'égalité des rangs par l'intervalle
immenfe qu'il y a entre celui qui achète fa fubfiftance
journalière par les plus pénibles travaux, & celui qui
la paye ftrictement, les riches fe confondirent dans
les rangs avec les pauvres ; tous égaux en ce moment,
tous mus par le même intérêt, l'intérêt de la patrie,
enfantèrent des prodiges de difcipline & de bon
otdre. L'Irlande ! ce pays infefté de brigands & fi
troublé dans fon intérieur n'offrit plus que le calme.
Jamais l'obéiffance aux loix n'y fut mieux obfervée.

Quel contrafte (il eft impoffible de fe refufer à
en faire la réflexion) quel contrafte entre ces effets

de la concorde & les fcènes de divifion inteftine &
de brigandage que le defpotifme de l'Angleterre avoit
nourries pendant tant de fiècles en Irlande !

La milice de ce royaume, fi rapidement & fi ad-
mirablement formée par l'accord parfait des citoyens ,
fut formidable auffi par le nombre de fes membres.
L'armée, dès fon origine, fut de trente mille hommes & elle eft de foixante aujourd'hui, fi l'on en
croit quelques écrivains. Au moment de fa formation ,
l'Angleterre tenoit entre fes mains encore tous les
refforts de l'adminiftration ; mais ils reftèrent immo-
biles : quelle réfiftance le Gouvernement anglois, en
Irlande , eût il pu oppofer à un armement général ?
de quel danger eût été de fa part la moindre oppofition dans une circonftance de guerre contre la France
& l'Efpagne ? Quel pouvoit être enfin, alors, l'objet
des defirs de la couronne d'Angleterre ? de ménager les
alliés (qui venoient de créer, pour ainfi dire, cette
nombreufe & fuperbe milice) afin de fe conferver
la reffource d'en employer auxiliairement une partie
à fa propre caufe.

Sans doute les Anglois réfléchirent auffi que des
hommes, nouvellement armés pour fe fouftraire à
une dependance tyrannique, fe détermineroient diffi-
cilement à morceler leurs forces & à foumettre une
partie de leurs foldats à la fubordination militaire
fous des généraux anglois.

Quels que fûrent les calculs politiques de l'Angleterre ; fes tentatives pour tirer des corps de troupes

de l'Irlande furent foibles , & quoique fes demandes fûffent colorées de prétextes fpécieux & fraternel, elles furent rejettées avec dédain.

Alors le parti de concourir à ce qu'on ne pouvoit empêcher devint une preuve mémorable de la fage politique de la Nation angloife.

Concourir à ce qu'on ne peut empêcher ! Quelle leçon pour toutes les puiffances de l'Europe! La France elle-même , dans les immenfes détails, de bouleverfement, que fes repréfentans travaillent à propager fur la furface entière du globe , femble attacher cette maxime à une partie de fes opérations, à celles principalement qui concernent fes colonies. Mais ce n'eft pas le moment de faire ces applications, fuivons notre précis hiftorique fur la révolution d'Irlande.

L'Angleterre fe prêta tellement au vœu de fes voifins, que, loin d'infifter fur la demande d'une fourniture de troupes pour la guerre d'Amérique , elle délivra, aux volontaires en Irlande, un renfort confidérable d'armes.

Ainfi les Irlandois, Nation jufqu'alors très-fubalterne en Europe, pourvurent efficacement à fe mettre dans un grand état de défenfe : ainfi ils parvinrent fans fecouffes, fans effufion de fang & fans convulfions à fe rendre indépendans, *de l'aveu, par la Sanction*, pour ainfi dire, & *avec les fecours*, même, de la puiffance intéreffée à maintenir fa dépendance; ainfi , fans loix pofitives, fans intervention de magiftrats.

giſtrats, mais par l'efficacité ſeule de *Citoyens libres*, l'Europe a vû ſe former dans ſon ſein une nouvelle puiſſance légiſlative & militaire.

Je ne crains donc pas de prononcer que l'Irlande fournit le plus bel exemple de la ſuffiſance du peuple, du triomphe des droits de Citoyens, des ſuccès enfin de toute entrepriſe qui ſera unanimement concertée pour la liberté, à l'écart des trames de l'eſprit de parti & à l'abri du choc de l'intérêt perſonnel.

Encore un mot, ſur les heureuſes ſuites de cette révolution. Les Irlandois ne tardèrent pas à ſe livrer à une étude approfondie de leurs droits; ils meſurè-rent juſqu'où pouvoient, avec équité, s'étendre leurs prétentions.

Le Parlement britannique fut le principal objet de cette étude; & le fruit fut de reconnoître ſon autorité comme une uſurpation. Comment empêcher, en effet, que la ſervitude ne reprît tôt ou tard tout ſon empire, ſi les ordonnances, les bills & les rè-glemens du Sénat anglois continuoient à être des loix; ſi ſur-tout l'*évocation* étoit une ſource toujours ouverte pour l'écoulement des richeſſes d'un royau-me dans l'autre?

Parmi les Loix réformées on diſtingue, ſur-tout l'acte de ſédition (*Muting Act.*) Je dis *parmi les loix réformées*, parce qu'il ne faut pas croire qu'on ait abrogé toutes celles que l'Angleterre avoit fournies, on en puiſa même de nouvelles dans ſon Code criminel.

Le lecteur n'a point oublié que le fanatiſme &

(18)

la superstition poussés à l'excès en Irlande, y avoient
été les principales causes de l'état de trouble, de
misère & de foiblesse dans lequel ce Royaume avoit
si longtemps langui ; les Irlandois empruntèrent de
la légisation Angloise, tous les principes de la tolérance : les Catholiques Romains Anglois obtinrent
les mêmes avantages dont ils jouissent en Angleterre :
enfin les *Citoyens, nouvellement rétablis dans le libre
exercice de leur Religion, (ce qui forme une si grande
majorité du peuple en Irlande) s'apperçurent bientôt
que comme ils acquéroient une part commune dans
les intérêts communs, ils étoient appellés, avec tous
les autres, & avec égalité, soit à la défense, soit au
maintien des droits publics. Toute envie d'un côté,
toute méfiance de l'autre, des deux parts toute aversion
s'évanouirent & un principe universel & un esprit général opérèrent sur tout le Peuple.* (1)

Un mot enfin de l'influence de la révolution
d'Irlande sur les objets commerciaux, car c'est-là le
point capital, le grand objet d'intérêt pour les Nations
maritimes en Europe & surtout pour l'Angleterre.

---

i (1) Tout ce qui vient d'être soufligné ou écrit en lettres
taliques est une traduction stricte & littérale de l'*Annual Register*,
où j'ai puisé ces intéressans détails ; j'ai cru devoir ne rien
changer au texte sur des résultats si touchans d'une grande
révolution, qui naturellement auroit dû être très-sanglante, vû
l'animosité des deux Nations.

Je vais suivre le même procédé d'exactitude au paragraphe
suivant, sur le Commerce.

» Un commerce libre & illimité avec tout le monde
» devint le premier, le grand & le général objet
» de réformation : sans cela aucune compensation,
» nulle autre concession ou avantage, quelqu'utiles
» & étendus qu'ils puissent être ne pouvoient donner
» satisfaction aux Irlandois ; c'étoit le *sine quâ non*
» dont on ne voulut pas s'écarter «.

Tel est en raccourci le tableau fidèle des affaires de l'Irlande antérieurement & durant la levée du Parlement Britannique en 1779 & 1780.

SECONDE PARTIE.

Application à la Colonie de St·Domingue, de quelques détails de la Révolution d'Irlande.

J'ai établi, en commençant cet ouvrage, les différences que le climat & la situation topographique sur le globe ont mises entre ces deux îles que l'on peut bien appeller Royaumes.

Il y a d'autres différences encore que le temps détruira sans doute mais dont il est essentiel de faire mention ne fût-ce que par *prévision* de ce qui doit infailliblement arriver.

Je veux parler des arts, de celui de la navigation surtout : (1) il n'est pas bien difficile de prévoir un ordre de choses, dans lequel une Colonie, qui véri-

____

(1) Le cabotage, le cabotage ! les Colonies & le Commerce de France en général ne seront florissants que lorsque le cabotage sera mis en vigueur aux Antilles.

tablement eſt un Royaume par ſon étendue & par ſon immenſe richeſſe, ſe créera *des Négocians*, au lieu de n'avoir que des commiſſionnaires & entreprendra de ſubſtituer un commerce actif au commerce paſſif qui la tient dans un état flétriſſant de dépendance.

Ceci demande un volume à part & même un volume conſidérable, je poſe donc ſeulement une hypothèſe.

Pourquoi, au lieu de confier à des Européens le tranſport de nos denrées coloniales, ne le faiſons-nous pas nous-mêmes ?

Parmi nos négocians-commis ou commiſſionnaires, il y en a qui ſont de gros Capitaliſtes.

Suppoſons-donc que ces capitaliſtes achètent des bâtimens, qu'ils les arment, que la première opération ſoit de tranſporter des ſucres, de l'indigo & du café en Europe (à Bordeaux par exemple) qu'avec le produit de ces ſucres, ils ſe faſſent une cargaiſon propre à la traite en Afrique ; qu'ils viennent enfin avec des nègres au Cap.

Cette ſérie d'opérations commerciales eſt ſi ſimple que je puis me diſpenſer d'en étendre le développement.

Voyez des-lors à quel point St-Domingue augmenteroit, par-là, le nombre de ſes habitans & par conſéquent ſa population, par conſéquent enfin ſes défrichemens & le deſſèchement de ces marais ſalineux qui avoiſinent ſes principales villes & qui dès-lors en feroient partie.

Je ne préſente à cet égard que des apperçus, parce

que ces confidérations ne font point l'objet de mon ouvrage. Je prends St-Domingue tel qu'il eft, non tel qu'il doit être, ni tel qu'il fera.

L'île St-Domingue, tel qu'elle eft, a appris à connoître fes forces. L'Affemblée Nationale a déclaré » qu'elle » défire la faire jouir des fruits de l'heureufe régéné- » ration qui s'eft opérée dans l'empire françois, fans » cependant qu'elle ait jamais entendu la compren- » dre dans la conftitution qu'elle a décrétée pour le » Royaume & l'affujettir à des loix qui pourroient » être incompatibles avec les convenances locales & » particulières «.

Voilà la bafe d'où nous devons partir, d'autant plus que la Colonie (*fût-elle divifée* en plufieurs partis relativement au décret du 8 Mars) trouveroit fatisfaction *pour tous*, en s'en tenant à cette bafe ; le zélateur de l'Affemblée Nationale *embraffera pieu-fement* la déclaration *qu'il fait partie de l'Empire françois*, & le commentateur défiant fe verra autorifé à préferver les loix conftitutionelles, (celles fur-tout qui font *fufceptibles de convenances locales & particulières*) de toute atteinte à l'avenir (1).

____

(1) J'ai compofé cet ouvrage à la fin de Mars & nous entrons dans le mois d'Août : les nouvelles officielles que la dé-putation a reçues de la Colonie ne s'étendent pas au-delà de la date de Juin. La diverfité accidentelle d'opinions, qui y régnoit alors, faute, fans doute, de s'être, jufqu'à cette époque, bien expliqué, ne me paroît exiger aucun changement à la publication de mes idées patriotiques envers la France & envers la Colonie.

Par avance je me range du dernier parti & *improu-
vant* l'inftruction jointe au décret, en ce qu'elle contient
des diffonances manifeftes avec lui, mon vœu eft que
la Colonie analyfe ces deux pièces avec le plus grand
foin. Il ne fuffit pas, en effet, de s'arrêter à la fuper-
ficie : nul doute que la préfente légiflature ne conferve
au décret dont elle eft l'auteur, la favorable latitude
qu'elle préfente. En adhérant donc purement & fim-
plement, au décret & à fon inftruction les Colons
fans doute obtiendront aujourd'hui de l'Aſſemblée
Nationale des avantages immenfes que la tranfition
rapide de la fervitude à la liberté rendent éblouiffans.
Mais quel coup d'œil perçant doivent avoir ceux,
qui ayant entre leurs mains le fort de leur patrie pour
toujours, ont à pénétrer l'obfcurité des générations
futures!

C'eft pourquoi je défirerois que l'Aſſemblée Colo-
niale fe renfermât effentiellement dans le préambule
& le premier Art. du décret, pour former *fa conftitution, fa législation & fon adminiftration.*

C'eft pourquoi je penfe que les Légiflateurs de la
Colonie ne fe borneront pas à envifager le bonheur
& la tranquillité que leur offre la légiflature actuelle,
mais qu'ils prévoiront les commentaires que les lé-
giflatures fuivantes pourront faire.

C'eft pourquoi, me livrant à l'effor de ma penfée
avec la confiance d'un fervent patriote qui n'a en vue
que le bien général, je vais difféquer le décret du 8
Mars; alors on verra à quel point j'ai conçu le rap-

prochement & l'affimilation de la révolution de l'Irlande avec celle qui s'opère dans la Colonie de St-Domingue.

Je divife en trois fections le décret du 8 Mars.

Loix conftitutionnelles = police intérieure = rapports extérieurs avec la Métropole.

PREMIÈRE SECTION.

Loix Conftitutionnelles.

Au premier pas, ici, je me trouve arrêté. Je veux obéir à l'article 4 du décret & je vois que fi la Colonie *foumet fes plans à l'Affemblée Nationale pour être décrétés par elle & préfentés à l'acceptation & à la fanction du Roi;* je vois, dis-je, qu'elle crée des ambages inextricables; elle mettra l'Affemblée Nationale en contradiction avec fes principes fondamentaux. Ici! il ne fubfifte plus qu'un feul ordre; là, à moins de détruire les Colonies de fond-en-comble, il en faut trois: ils font nuancés de couleurs & gradués fenfiblement par la nature même. C'eft une vérité inconteftable que les Colonies ne peuvent être cultivées que par des efclaves. Le noir eft l'étiquette de cette claffe.

Le mélange du blanc avec le noir forme une feconde couleur, & par conféquent un fecond ordre intermédiaire.

Tous les calculs métaphyfiques qui ont produit le premier article de la déclaration des droits de l'homme, s'évanouiffent devant les opérations & les décrets de la nature. Tous les Légiflateurs anciens & modernes ont en vain cherché des remèdes contre la bâtardife ; ils ont trouvé qu'en remédiant aux abus ils en feroient naître de plus grands : c'eft pourquoi ils fe font tous ralliés à cet axiôme, *pater eft quem nuptiæ demonftrant.*

Cette maxime de Jurifprudence eft inapplicable aux Colonies, où la rareté des femmes blanches, où le grand nombre des Négreffes, & tant de caufes phyfiques & morales portent à la diffolution des mœurs. Là, *le cachet de la bâtardife eft empreint d'une manière ineffaçable.* Vouloir donc capituler, chercher des conciliations entre ce décret de la nature & celui des droits de l'homme, ce feroit violer les principes les plus facrés de la morale. Tant que le mariage, cette inftitution divine & humaine, de toutes les inftitutions la plus refpectable, puifqu'elle prévient tous les défordres des fucceffions, puifqu'elle affure l'ordre des defcendances ; tant que le mariage, dis-je, fera une loi de profcription pour les bâtards, les gens de couleur & de fang mêlé formeront un ordre très-diftinct dans les Colonies.

Je conclus donc que ce feroit mettre le Légiflateur à la gêne entre fes principes & les loix naturelles d'une vafte contrée du monde, que de requérir fa fanction, qui ne peut être qu'une dérogation outrée envers lui-même, ou une injuftice affreufe contre une partie confidérable de la nation.

(25)

On ne peut pas même invoquer la maxime pro-
verbiale, *il n'eſt pas de loi ſans exception.*

Malheureux le peuple qui ſe fieroit, en loix conſti-
tutionnelles, à des exceptions ! La loi eſt immuable
& ſacrée ; on ne peut y déroger. Mais *ſon exception !*
elle peut être attaquée par d'autres exceptions. Une
autre légiſlature déclarera *l'exception* vicieuſe ‚ ra-
mènera tout à un mode uniforme. Qui peut prévoir
ce que deviendra l'empire mobile des circonſtances ?
Le plus ſûr feroit donc de porter l'Aſſemblée Nationale, elle-même, par force de raiſon, à changer un
ſeul mot de l'article 4 de ſon Décret.

Elle a prononcé que les » plans feroient ſoumis à
» l'Aſſemblée Nationale, pour être examinés & *dé-*
» *crétés* «.

A ce dernier mot ſubſtituons le mot *approuvés* ‚
alors toutes les convenances feront obſervées. L'hommage de la Colonie, qui fait partie de l'Empire François, aura été rendu à l'Aſſemblée Légiſlative de la
nation. Circonſcrite d'une part dans les principes de
la légiſlation convenable au Royaume, déférente en
même-temps aux droits & aux convenances locales
& particulières du peuple immenſe de ſes Colonies,
que lui ſeul peut connoître, l'Aſſemblée Nationale
n'aura rien laiſſé d'arbitraire aux Légiſlatures à venir,
encore moins au Pouvoir exécutif. ═ Vingt Répu-
bliques, les plus petits Etats en Europe, ont réglé
leurs codes ; & au moment où l'Iſle de Saint-Domingue préſente la ſurface, la richeſſe, la popula-

tion, & toutes les dimensions d'un grand Royaume, elle n'aura de loix que celles qui auront été décrétées à deux mille lieues de son enceinte ! Cela est absurde, & contraire aux grands principes de liberté & de droit des gens que l'Assemblée Nationale elle-même cherche à établir. On appellera cela *indépendance*, tout ce que l'on voudra ; toute force qui s'y opposeroit seroit usurpatrice & tyrannique. Du reste, je ferai voir dans la suite de cet ouvrage que personne n'est meilleur François que moi, & je me réserve de prouver qu'en renfermant dans des bornes la dépendance de Saint-Domingue envers la Métropole, je lui donne toute la latitude que celle-ci peut desirer.

Deuxième Section.

Police intérieure.

Ce Chapitre tient au précédent par bien des fils. Il est à remarquer que l'organisation donnée à quelques-unes des principales Municipalités de l'île, est très-antérieure à l'émission du décret, & elle est calquée, autant qu'il est possible, sur l'organisation des Municipalités du Royaume. Si cela n'annonce pas précisément une dépendance, c'est du moins une soumission & une déférence qui tiennent de la fraternité. Pourquoi l'Assemblée Nationale, qui fait implicitement & explicitement l'aveu qu'elle ne peut pas juger des localités qu'elle ne connoît pas, ne feroit-elle pas fatisfaite de cet ordre de dépendance de la part de fes Colonies ? Quel Tribunal , fitué dans un fi grand éloignement , peut donc ambitionner une fonction plus étendue & plus importante que d'attacher le fceau de fon approbation aux règlemens de police qui intéreffent les mœurs , la vie & les droits d'une grande multitude de citoyens ? Décréter ces règlemens , feroit fe les approprier ; ce feroit , pour ainfi dire , en faire fon ouvrage. Je le demande : eft-ce dans cet efprit que l'Affemblée Nationale a rédigé fon décret du 8 Mars ? Que les mots qui s'écartent de cet efprit foient donc modifiés ; qu'il ne fubfifte plus d'accès à l'autorité arbitraire. J'ignore quel fera l'accueil général de la partie Françoife de Saint - Domingue à l'envoi du décret ; mais je doute qu'elle ne requière pas auprès de l'Affemblee Nationale les modifications que je propofe. Faut-il raffurer les efprits méfians fur une indépendance abfolue & préjudiciable à la France ? Dépendons du Roi *, fous la refponfabilité de fon Miniftre* , relativement à notre police intérieure , fes règlemens ne feront en vigueur qu'à l'aide du pouvoir exécutif ; que celui donc qui en eft le *chef fanctionne ce qui appartient à la police intérieure* , après que les règlemens que nous aurons propofés auront reçu , préalablement à tout , *l'approbation* du corps légiflatif de la nation.

Eh de grace ! je provoque inftamment à cet égard la circonfpection de mes juges & de mes lecteurs. Qu'on n'attache point ici une diftinction fophiftique entre la Nation & le Roi : ce n'eſt certainement pas le cas. Il feroit ſingulier que l'on s'obſtinât à croire qu'un peuple nombreux, qui ſe rend *dépendant du Roi de France*, eût l'intention de ne pas *dépendre de la France*. Le Chef de la Nation, celui qui tient en ſes mains toutes les forces du Royaume, ne repré-ſente-t-il pas eſſentiellement la Nation ? N'eſt-ce pas appartenir à l'une comme à l'autre que de ne con-noître la loi, véritablement loi pour une partie de l'adminiſtration civile, que lorſqu'elle ſera ſanctionnée par le Chef ? == Mais pourquoi, me dira-t-on, *re-fuſez-vous l'une des deux dépendances, pour vous aſ-ſujettir à l'autre ? car vous parlez de diſtinction, vous prétendez qu'il n'en faut point, & c'eſt vous qui la faites.* == La réponſe à cette queſtion n'eſt pas embar-raſſante. *Je diſtingue ce que vous diſtinguez vous-même.* Il y a une infinité d'objets de détails que l'Aſſemblée Nationale renvoie purement & ſimplement au pou-voir exécutif. Or, voici mes motifs, dans le cas dont il s'agit. N'eſt-il pas vrai que la Nation eſt corps lé-giſlatif, & que le Roi ne l'eſt pas ? (1) Eſt-il moins

____

(1) Je m'explique ſur cette diſtinction inexacte. L'Aſſemblée Nationale iſolée n'a pas plus le pouvoir légiſlatif que le Roi. Le pouvoir légiſlatif eſt cmopoſé des deux. La Nation n'eſt *virtuellement* repréſentée que par la réunion des deux, & le Roi, par conſéquent, fait inconteſtablement partie de ce pou-voir. Par cette réflexion, qui eſt de toute juſteſſe, j'établis, je le ſens, un argumĕnt contre ce que je viens de dire ; mais cet argument ne fait que fortifier mon argument fondamental : qu'on y réfléchiſſe bien.

vrai qu'une loi, *qui ne feroit loi qu'en vertu d'un décret du corps légiſlatif*, ſanctionné par le Roi, appartiendroit, *ipſo facto*, à l'Aſſemblée, *qui cependant n'auroit fait que la décréter*, & elle deviendroit *ſa propriété, ſa production*, pour ainſi dire?

Qu'en réſulteroit-il? Des conſéquences très-graves que voici. La Colonie qui *auroit véritablement créé la loi, qui y a été ſpécialement autoriſée par le décret du 8 Mars & par le Roi*, n'y participeroit plus que *ſubjectivement*. Je la comparerois à un comité de l'Aſſemblée Nationale; ſon ouvrage ſe métamorphoſeroit en ſimple propoſition, & la loi appartiendroit toute entière à l'Aſſemblée Nationale.

C'eſt en cela que la diſtinction, entre la Nation & le Roi, devient très-importante, parce que le Roi iſolé, n'étant en aucune maniere Légiſlateur, ne pourroit rien changer à la loi, qu'*à la requiſition de la Colonie*.

Il n'en eſt pas de même de l'Aſſemblée Nationale. Je ſuppoſe donc qu'en ce moment elle admît, *décrétât*, ſans nulle reſtriction, le code de loix & les règlemens pour la police intérieure, qui lui ſeroient propoſés par la Colonie de Saint-Domingue; nulle difficulté pour cette légiſlature. Mais une ſeconde, une troiſième, une quatrième légiſlature? qu'il y en ait une compoſée, *en majorité*, de ces amis des Noirs, qui, ſans connoiſſance aucune de ce qui ſe paſſe dans les Colonies, ſemblent s'être propoſé pour but, obſtinément, d'y cauſer le carnage de quatre-vingt mille Citoyens François ; quels commentaires, des loix décrétées à la préfente légiflature, ne feroient-ils pas ? Les décrets que nous recevrions aujourd'hui de l'Affemblée Nationale, relativement à notre régime & à notre légiflation, pourroient-ils fe fouftraire à la fureur qui les anime contre nous fous le voile de la philantropie ?

MM. Péthion de Villeneuve & Briffot de Warville ont eu la bonne foi de nous préfager cet attentat au décret du 8 Mars. » M. Homberg, (difent-ils) » l'appelle définitif (1). Qu'entend-il par là ? *Qu'il* » *doit durer* autant que cette légiflature ? D'accord ; » ce n'eft pas une longue durée. Entend-il que ce » décret doive durer autant que la Conftitution ? Il » fe trompe, & *la fociété des amis des Noirs lui fera* » *voir fon erreur à la prochaine légiflature.* (2) «

Quelle importante leçon nous donne à cet égard le Congrès Américain! Malgré les précautions prifes par la conftitution fédérale, ce Congrès s'eft avifé d'admettre une pétition des Quakers, *fur le régime* *à appliquer aux. Noirs.* (Combien cette partie eft frappante en tout point!) Les repréfentans des Etats ont combattu avec la plus vive indignation, & la ten-

---

(1) Ce décret.

(2) Voyez le Patriote François du 15 Août.

Cet Article avoit été précédé d'une longue diatribe au commencement de Juillet, je crois, dans le Journal de Paris, avec la double fignature *Péthion de Villeneuve, Briffot de Warville.*

tative & l'admiffion fans égard aux loix conftitutionelles ; il a été déclaré *que la profpérité des Etats-
Unis dépendoit du régime actuel des Noirs.* == De tels
avis, de tels exemples font trembler.

Faut-il diverfifier les inconvéniens ? Varions les
couleurs, prenons la livrée de M. l'A. Grég....
A ce nom feul, je crois déjà voir paroître des règlemens, anti-catholiques autant qu'impolitiques, qui
chamarreroient nos Municipalités & nos Tribunaux
de toutes les bigarrures de la bâtardife Créole.

Il eft impoffible de n'être pas fortement en garde
contre ces dangers pour l'avenir. De la part du Roi,
je le répète, ils ne font point à craindre. Quelque
règlement que l'on foumette à fa fanction, jamais il
ne pourra s'en dire le Légiflateur ; fon Repréfentant,
un Gouverneur, un Vice-Roi dans la Colonie, ayant
le pouvoir exécutif en fes mains, veillera à l'exécu-
tion de la loi, fans laiffer à redouter des écarts
contre le maintien de la police & de la fubordination *néceffaire entre les trois ordres*, car il s'expo-
feroit à la plus févère refponfabilité.

Telle eft la diftinction que j'établis entre l'Affemblée Nationale & le Roi, relativement aux conféquences de la fanction. Cette diftinction aura fans
doute été faifie à Saint-Domingue, & nous ne devons pas douter non plus qu'elle n'obtienne des repréfentans de la Nation en France, l'accueil le plus
favorable : c'eft le fort de tout ce qui eft fondé fur
la raifon, la juftice & le droit des gens.

TROISIÈME SECTION.

Rapports extérieurs & commerciaux des Colonies avec la Métropole.

On ne s'attend probablement pas ici à l'examen détaillé des droits respectifs du Cultivateur & du Négociant, entre lesquels il est si difficile de fixer une ligne juste de démarcation : il s'agit des principes, de la cause, & non pas des effets. Laissons donc à part les discussions sur les loix prohibitives du commerce (1).

Les Colonies dépendent-elles de la France relativement au commerce? doivent-elles à cet égard faire elles-mêmes la loi, ou bien la recevoir par la sanction d'un décret de l'Assemblée Nationale?

Voilà le dernier problême à examiner, &, sans hésiter, je le résous, en prononçant affirmativement qu'il appartient essentiellement à la Nation assemblée de faire la loi sur ce point capital. Eh! que la Nation borne là ses prétentions, c'est le plus beau fleuron de sa couronne.

Des Monarques rivaux peuvent se disputer une suprématie de souveraineté ; mais que le Peuple Français qui vient de conquérir sa liberté, qu'une nation

---

(1) Je ferai paroître incessamment un ouvrage relatif à cette grande question, la seule vraiment importante pour la France, de toutes celles qui concernent les Colonies.

nation qui devient fouveraine par l'empire & fous l'empire des loix , machiavélife fur le plus ou le moins d'étendue de la fouveraineté ! je dis que c'eft dégrader le plus bel ouvrage en politique qu'offre l'hiftoire du genre humain.

En quoi doivent confifter les vrais rapports & les dépendances mutuelles du Royaume de France avec fes Colonies ? — En deux points.

» *Votre protection* », s'écrient les Colonies.

La France répond : » *vos richeffes* «.

Paffez à l'alambic , quinteffenciez tant qu'il vous plaira : voilà le *caput mortuum* de la queftion. Tout ce qu'on vous dira par-delà n'eft qu'un vain luxe, une inutile diffipation en paroles, un jeu de mots enfin.

Dans cette fphère , toute refferrée qu'elle eft, la juftice, la raifon & la loi de nature , trouvent leur compte. *Protégez-nous , nous vous enrichirons.*

Légiflateurs de la France ! faits pour fervir de modèle à l'Europe, à l'Univers entier , ne dédaignez pas néanmoins que je propofe ici la fage conduite de l'Angleterre envers l'Irlande en 1779 , comme un exemple à fuivre. Concourir a ce qu'on ne peut empêcher !

Voici le moment de commencer mes applications ; & que vous importeroit de paffer les bornes de ce qui vous intéreffe dans la grande affaire des Colonies ? Auriez-vous peur que, dans ce fiècle de lumières & de vraie philofophie , une Colonie,

C

dont les enfans ont puifé dans vos écoles les principes de l'humanité & de la morale, devînt un repaire de Cannibales ? J'ai dit, dans un autre ouvrage, que relativement au bonheur de leurs Nègres, il falloit s'en repofer fur l'intérêt des propriétaires, & regarder tout exemple qui s'écarte de cette loi, comme une exception monftrueufe, & comme un phénomène, qui deviendra déformais d'autant plus rare, que la police confiée à des Municipalités furveillera de plus près l'exercice de l'autorité des maîtres fur leurs efclaves.

Quant aux Colons entr'eux, régis depuis un fiècle environ par la coutume de votre Capitale, ne perdez pas de vue que dans l'organifation de leurs Municipalités ils fe font montrés jaloux de fe modeler fur vous ; tels ils fe montreront encore en fait de légiflation : en un mot, croyez que le Peuple de vos Colonies demande à être gouverné par la confiance. On vous l'a peint bouillant, mutin, & il n'a que cette fenfibilité, qui eft le germe de toutes les vertus, de l'amour de la patrie fur-tout.

Les tems font arrivés où la politique des nations doit fe réduire à un point, *obferver les convenances réciproques*. Celles qui lient des Colonies avec un grand état, viennent d'être tracées felon leur jufte proportion ; il eft plus qu'on ne penfe de l'intérêt de la mère patrie de s'y renfermer. L'Affemblée Nationale l'a évidemment reconnu dans fon Décret 8 Mars : elle y défère aux diftances, à des loca-

lités inconnues , à l'influence qu'ont nécessairement
sur les loix le climat , la différence de la culture
& des productions , le commerce enfin. Il ne s'agit
donc plus que de ne pas s'écarter de la route que
cette bouffole indique. La puiffance qui préferve
nos propriétés d'invafion , qui confomme une
grande partie de fes revenus à entretenir une
marine impofante , doit trouver des compenfations
de bénéfice , & nos riches productions les lui pro-
curent. Il feroit bien étonnant que , pour des
acceffoires très-incohérens à cette réciprocité d'intérêts, que, par des prétentions exagérées de dépendance, les repréfentans de la France dérangeaffent
ce bel équilibre. Quant aux bons & fidèles Colons
Français , foumis à tout ce qui fera jufte , il ne
tiendra point à eux qu'une harmonie parfaite règne
entre les plus belles des Colonies & le plus beau Royaume du monde.

TROISIEME PARTIE.

Parallèle de l'Irlande avec la Colonie de Saint-
Domingue.

Il convient d'approfondir d'abord s'il eft exactement vrai que l'Irlande foit abfolument indépen-
dante de l'Angleterre (1).

____

(1) Ce Royaume eft fitué par la nature , pour être
indépendant & , fi l'on vouloit difputer bien fcrupuleufement,

Non certainement. L'homme feul qui confond toutes les acceptions d'un mot, en une feule, peut tomber dans l'erreur à cet égard.

Il exifte des dépendances *de fraternité* & de convenance, qui fouvent ont autant d'efficacité que celles de *fujet à fouverain*. Telle eft la fituation refpective de ces deux Royaumes.

A l'appui de cette analyfe, citons l'exemple actuel de la france relativement à l'Efpagne.

Les Français, extérieurement paifibles, vivoient en bonne intelligence avec tous leurs voifins.

Parmi ceux-ci, il s'eft élevé une querelle de commerce dans la mer du Sud. Deux navires, contrebandiers ou non, ont été pris par les Efpagnols, & voilà la France (très-étrangère à cette querelle affurément) *affujettie* à faire les frais d'un très-gros armement, qui fera peut-être doublé, triplé avant peu.

Je me fers du mot *affujettie*, & je le fouligne, parce que lui feul rend la vraie fignification du mot *dépendance.*

---

il *l'a toujours été*, diroit-on. L'Irlande a été long-tems ne pouvant pas tout ce qu'elle vouloit, mais l'Angleterre ne pouvoit rien fans elle; tout ce qui la concernoit *originoit* d'elle pour ainfi dire; & à l'époque de fa révolution (en 1779 & 1780), elle n'a fait que prendre une forme décidée de liberté politique & civile.

Je dis donc que, quoique la France ne soit pas une nation dependante de la nation Espagnole, elle l'est de fait en ce moment-ci, (1) car dans

---

(1) La dépendance où la France se trouve de l'Espagne est réciproque, comme entre tous les êtres qui attendent des services les uns des autres, *do ut des.*

L'Espagne a été deux fois à cet égard, & de bonne grace & de bonne foi, dans la dépendance de la France. La première fois elle s'exposoit à de grands dangers, & a fait des armemens ruineux. La seconde, elle a fait encore des armemens ruineux, & pour seconder la France dans une entreprise contraire aux maximes de l'Espagne, & dangereuse dans ses suites pour elle ; mais il résulte d'un pacte qu'il faut en remplir les conditions, ou renoncer à avoir des alliés, & consentir à passer pour un peuple sans foi, & par conséquent ennemi des nations. Le fait est que tous les êtres dans la nature sont dépendans les uns des autres, du plus au moins. Cet ordre de choses est utile quand il en résulte des avantages réciproques ; la justice & l'intérêt l'approuvent. Il n'y a qu'un peuple aussi despote que les Anglois qui ait encore imaginé de prétendre en soumettre un autre à une dépendance absolue, en prononçant, par un acte du Parlement, que *la Grande-Bretagne avoit le droit de lier ses Colonies DANS TOUS LES CAS QUELCONQUES.* C'est cette déclaration injuste & impolitique qui a provoqué les Colonies à secouer un joug que la mère patrie avoit résolu d'imposer sans restriction.

Si au lieu de vouloir dicter impérieusement la loi à ses Colonies, la Grande-Bretagne avoit fait avec elle *un pacte réciproquement avantageux,* l'Empire Britannique s'étendroit encore aujourd'hui sur la moitié du nouveau monde.

la situation de ses Finances & de ses armées de terre & de mer, enfin parmi le désordre général & inévitable du principe d'une nouvelle constitution, rien n'est moins libre & spontané que les préparatifs ruineux que la France fait pour la guerre d'Espagne, rien ne ressemble moins à un acte d'indépendance.

A plus forte raison l'Irlande, elle doit certainement à une grande vertu patriotique, à beaucoup d'énergie, & sur-tout au parfait accord de tout son Peuple, un très-grand élan vers la liberté; mais sa conquête a des bornes.

L'abolition de toute évocation, la suprématie du Parlement Britannique détruit, ou transmis au Parlement de la nation, voilà le principal & presque l'unique caractère de *l'indépendance de l'Irlande*. L'étendue en est énorme, sans doute, ses bénéfices sont inappréciables; mais ils ne constituent pas une *indépendance absolue*. Combien il y a de rapports politiques que la foiblesse d'une des deux nations, & la force de l'autre rendent indestructibles, & qui font des dépendances réelles!

L'Irlande regardera toujours comme ses propres ennemis ceux de l'Angleterre. Loin de former aucune alliance, par exemple avec les Français, qui pût favoriser l'accès de la Grande-Bretagne, si la crise actuelle dégénéroit en guerre, les Irlandois y prendroient nécessairement part en faveur de leurs voisins. En un mot, (comme l'a très-bien défini un membre du corps diplomatique, très-distingué par ses talens politiques & par son esprit, (1)) *de sujette qu'étoit l'Irlande, elle est devenue sœur de l'Angleterre,* ce qui est encore dépendre effectivement.

J'ose affirmer que cette métamorphose est un modèle parfaitement convenable à la refonte des chaînes qui lient Saint-Domingue à la France.

L'article fondamental de la déclaration des droits de l'homme, prononce ,, que les distinctions sociales ,, ne peuvent être fondées *que sur l'utilité commune* ,,. L'Assemblé Nationale n'a point d'autres règles à consulter. Voilà l'exacte définition de ses pouvoirs sur les Colonies : il s'agit de saisir la moyenne proportionnelle de *l'utilité commune.* Or, voici comme je m'y prends pour y parvenir.

Se mêler de la jurisprudence & de la police des Colonies, vouloir seulement y adapter la formalité des Décrets (je l'ai déjà démontré); c'est ouvrir aux législatures suivantes le vaste champ des abus d'autorité : dès lors attentat *à l'utilité commune.* — Ce seroit de même y attenter, en sens opposé, que d'accorder au Colonies seules le droit de régler la police extérieure & les rapports du commerce. Ici donc il faut un Décret ; là, une simple approbation de l'Assemblée Nationale, & la sanction du Roi. Telle est certainement la seule manière de concilier impartialement *l'utilité commune.*

____

(1) M. L. C. D. M. à qui je dois une partie des matériaux qui ont servi à la composition de cet ouvrage.

Je m'attends à des cris de *tolle*. Déjà fur un fimple foupçon d'indépendance (fondé fur quelques mots ifolés, tandis que de fait c'eft fe foumettre alternativement à la nation & à fon chef), j'entends murmurer autour de moi : » qu'il faut envoyer » des Troupes, une Efcadre «, & ces cris partent de l'enceinte de l'Affemblée Nationale !

Politiques infenfés ! eft-ce ainfi que l'Angleterre a agi envers l'Irlande ? Incertaine des fuccès, a-t-elle rifqué la certitude de faire couler le fang de fes Concitoyens ? *Incertaine des fuccès !* Eh oui, fans doute ! Les Comités de notre Affemblée Nationale penferoient-ils donc qu'il fuffît de faire paffer des vaiffeaux & des foldats dans nos rades de Saint-Domingue ? Le moindre préparatif de guerre pour y aller feroit le tocfin, qui retentiroit chez nos redoutables voifins. Le plus leger mouvement dans nos ports leur eft connu, & dix vaiffeaux partis de Breft en feroient fortir quinze de Spithead. Qu'on fache donc que la ftation de la Jamaïque ne fera jamais fubordonnée à celle de Saint-Domingue. L'Affemblée Nationale courra t-elle les rifques d'une guerre ? Et pourquoi cette guerre ? pour furpaffer les tyrans miniftériels que l'Affemblée Nationale elle-même a détruits, pour appefantir un fceptre de fer fur un Peuple qu'elle a créé libre !

Non, non ; la France ne peut avoir oublié que l'Angleterre, quand elle a entrepris la guerre dans l'Amérique Septentrionale, a bien cru que ce feroit

un jeu pour elle de dompter des ſujets rebelles ,
la France ne s'expoſera point (pour des ſujets qui
ſont loin de lui être infidèles, encore moins rebelles),
la France , dis je , ne s'expoſera point à regretter
le titre de ſœur , qu'une puiſſante Colonie lui
offre avec tant de tréſors.

Anathême à quiconque prendroit ces réflexions
pour des menaces ! Je ſuis Créole & Colon , &
Français : le Colon Français ſe diſtingue & ſe
diſtinguera toujours par ſon patriotiſme. Eſt-ce donc
s'écarter de l'amour de la patrie , devoir le plus
ſacré de l'homme policé , que de travailler à ſa
proſpérité individuelle , en conſervant à la Métropole
tout l'avantage qu'elle peut deſirer de recueillir de
ſes Colonies ?

Sans chercher à ſubſtituer , par une analyſe con-
tournée du contrat ſolemnel , qu'en faiſant ſa conſtitu-
tion , le peuple Français paſſe avec le chef & avec le
corps légiſlatif qui le gouvernent, ce contrat ne ſe
réduit-il pas à ceci ?

« Je conférerai à la maſſe commune une partie
« des fruits de ma récolte ou de mon induſtrie,
« afin de ſubvenir aux frais de l'adminiſtration
« générale , & mon bras concourra à la défenſe
« publique ».

Quel eſt le contre-poids mis dans la balance ?
la protection ; & n'eſt-ce point là l'analyſe que j'ai
faite des relations mutuelles que les Colonies & la
Puiſſance protectrice peuvent contracter ?

(42)

Nous vous enrichissons. === *Protégez-nous.* === On
ne sauroit trop le répéter ; voilà le *nec plus ultra*
des prétentions respectives , lorsqu'elles seront justes.

Qu'on réfléchisse encore à combien peu de frais
assujettit la Métropole , cette protection accordée à
Saint-Domingue ! La Colonie pourvoit à ceux de sa
défense & de son administration intérieures; *édifices ,*
travaux publics , pensions , traitemens , gratifications ,
& jusqu'aux gages des équipages des bâtimens désar-
més que la Colonie acquitte par des remises dans
les différens ports d'armemens , tout, est payé par
la Colonie. L'année 1789 , comme toutes les années
de révolution par-tout, a été pour Saint-Domingue
une année fatale au trésor public. A la privation
presque absolue de recettes ordinaires & extraordinaires ,
s'est joint un accroissement de dépenses résultantes de
tout ce qui se passoit dans la Colonie (1). Cependant
nous voyons que la recette du trésor public a été
de 14,510,377 liv. (2).

Indépendamment de cette somme énorme consommée
à St-Domingue , le droit de domaine d'occident produit
à la caisse nationale , à l'entrée de nos denrées coloniales en France , année moyenne , 4,459,426 livres (3).

---

(1) Voyez page 26 de l'Etat des finances de Saint-Domingue , par M. le Chevalier de Proissy.

(2) Voyez le Mémoire de M. de Proissy.

(3) Voyez le compte rendu au Roi par M. Necker en 1788.

Nota. C'est presque le seul droit exactement perçu depuis la
révolution..

Enfin, comme nous fommes le principal & prefque l'unique marché de l'Europe en fucres, cafés, indigos, &c., les étrangers qui viennent s'approvifionner dans les ports de France augmentent confidérablement le produit des droits.

Traitera-t-on toujours, en tâtonnant, les grandes vérités politiques & fociales ? Non, les tems font changés. Il faut donc avouer que la puiffance protectrice qui retire de celle qu'elle protège de tels moyens annuels, pour fubvenir aux frais de fa protection, doit fe rendre infiniment peu difficile fur les prérogatives de la domination qui concernent une morale à beaucoup d'égards étrangère à la fienne.

Je reviens à l'Angleterre & à l'Irlande ; la première de ces deux puiffances a fubi toutes les conditions que l'autre lui a impofées. Pourquoi ? Doute-t-on que la marine Angloife n'eût eu d'immenfes avantages pour ramener à une fubordination abfolue une île dépourvue de vaiffeaux de guerre ? Certainement non. C'eft donc que l'Angleterre, inftruite par les fautes récentes qu'elle avoit commifes dans l'Amérique Septentrionale , comme nous l'avons déjà remarqué, n'a vu, dans une oppofition quelconque à l'infurrection de l'Irlande, que des flots de fang à verfer, qu'un démembrement dans fes alliances, & un accroiffement peut-être à celles de fes ennemis.

Il n'y a pas d'autres caufes, cela eft évident, à

la condefcendance abfolue des Anglois, à tout ce que les Irlandois (*quoique fujets*) ont impérieufement exigé pour leur police intérieure, leur légiflation, leurs manufactures, & même pour leur commerce : ajoutons que l'Angleterre s'en trouve parfaitement bien ; elle eft plus affurée de la fidélité de fes voifins, & elle exerce fur eux un empire en même tems plus réel & plus convenable aux loix de l'humanité, que celui qu'elle exerçoit fous les règne d'Elifabeth, de Cromwel, &c. &c.

Il me refte une réflexion à faire ; elle s'adreffe à toute l'Europe commerçante, & principalement à l'Angleterre : je la crois digne des plus férieufes méditations politiques.

Voici déjà deux fciffions de la plus grande importance que l'Angleterre a éprouvées, *l'Amérique Septentrionale & l'Irlande* : qui oferoit affirmer qu'il ne s'en prépare pas de nouvelles ?

Pofons une hypothèfe, très-vague affurément ; mais n'importe. Suppofons qu'à la Jamaïque, île fortifiée, peuplée & cultivée autant qu'elle peut l'être, tous les écrits modernes & occafionnés par la révolution parviennent. Tout ce qui s'écrit, par exemple, fur la traite & fur l'efclavage des Nègres y eft fans doute envoyé, & y fufcite les mêmes inquiétudes que nous éprouvons à ce fujet dans nos îles.

On s'y plaint par conféquent auffi de la trop

grande facilité du gouvernement à en tolérer l'impreſſion & la circulation.

Suppoſons encore que l'Empire Britannique , ainſi qu'on l'aſſure , ſoit très-dur dans ſes Colonies , que ſes loix commerciales oppriment le cultivateur , ſuppoſons enfin que la loi d'*évocation* au Parlement d'Angleterre , ſi onéreuſe à des juſticiables éloignés de 2000 lieues de la Métropole , pèſe tellement ſur les habitans de la Jamaïque , qu'ils conçoivent l'idée de prendre le même parti que l'Irlande , & ſur-tout *l'Amérique Septentrionale* ont pris.

Réfléchi-t-on aſſez à ce qu'eſt l'Amérique Septentrionale , relativement à la Jamaïque ?

Notitiam primos que gradus vicinia fecit.

Si le voiſinage eſt un premier dégré d'alliance entre ces deux parties de l'Amérique , combien d'autres rapports y ajoutent ! *La même langue , la même origine angloiſe , les beſoins reſpectifs dans la nature des objets d'échange , une marine commerçante qui a accès dans les ports de France en Europe ,* tout , juſqu'à la tolérance des Religions , tout ſemble appeller l'un de ces peuples vers l'autre.

Rapprochons maintenant, de ces apperçus de convenance parfaite, l'énumération des diſconvenances dont nous venons de préſumer l'exiſtence actuelle, quel parti croit-on que l'Angleterre prendroit ſi ſa Colonie de la Jamaïque exigeoit d'elle , 1°. l'abolition de la loi d'évocation ; — 2°. le droit de créer elle-même , & fans aucun concours , les règlemens de fa police intérieure ; 3°. le droit de corriger , dans la Jurifprudence , tout ce qui diffonne avec les mœurs du pays & les convenances locales ; — 4°. d'abroger ce qui , dans les loix prohibitives du commerce , tend à facrifier perpétuellement les intérêts du Cultivateur à ceux du Négociant ?

Je le demande avec confiance : penfe-t-on que l'Angleterre fe refufât à ces conditions , qui font cependant toutes à l'avantage des Colons de la Jamaïque ? S'armeroit-elle une feconde fois pour aller , au-delà des mers , rougir perpétuellement le fol de l'Amérique du fang de fes Concitoyens ? Courroit-elle la chance de renouveller précifément la dernière guerre , car , n'en doutons pas , les Américains feptentrionaux interviendroient à la caufe de la Jamaïque , on aime à défendre pour autrui la caufe qu'on a gagnée pour foi ? je trouve infiniment plus probable que l'Angleterre acquiefceroit à toutes les propofitions des habitans de la Jamaïque , *pourvû que le cours des denrées coloniales qui enrichit fon commerce fût maintenu* (1).

-----

(1) Et qu'on ne croye pas que la conféquence , du membre fouligné de cette dernière phrafe , foit de refferrer les entraves prohibitives , point du tout ; obfervons au contraire que la Jamaïque regorge de tout. Il n'y a pas une Colonie Angloife (c'eft un fait conftant) qui n'ait prefque le double des nègres neceffaires à fa culture : auffi tout eft défriché. Beau mérite , donc , que de payer du cours de fes denrées cette furabondance

Lecteurs! faites l'application. Eh quoi, me dira-t-on! *toujours* comparer!

Sans doute, en cette concurrence : les affinités, les rapports, les dépendances sont tellement établies, j'ai réduit à une si juste apprétiation les causes, qui unissent une Colonie à un grand royaume & un peuple avec un autre : que je ne crains pas qu'on me reproche mes comparaisons.

Nos liens avec la France existent & ils existeront toujours : dépouillons-les totalement de la rouille des vieux préjugés de dépendance dont ils étoient encroutés ; substituons, à l'exercice accablant du plus atroce despotisme, l'espèce d'union que la spontanéité rend agréable, sans cesser d'être utile ; une union que le penchant, un patriotisme vrai, des alliances de famille & des acquisitions rendent nécessaire & à jamais durable. Oui je ne crains pas d'être désavoué par mes compatriotes, nous desirons tous cette union indissoluble avec la France. On ne peut équitablement soupçonner aucun Colon français de vouloir enri-

---

de provisions en tout genre & sur-tout en bras cultivateurs qui ont facilité les productions du sol ! Mais lorsque l'extrême disette de tout met un prix excessif aux objets d'importation, lorsqu'un grand tiers de la partie Française de St-Domingue reste en friche parce que le nombre moyen, des Noirs qui y sont importés, par an, n'est que de 28 à 30 mille (nombre qui suffit à peine au recrutement de la partie défrichée) lorsque....... lorsque......&c. &c. on doit réellement savoir gré au Colon qui reste fidèle au Commerce national.

chir l'Angleterre & nulle autre puiſſance préférablement
à celle dont les habitudes, les goûts & les mœurs
nous rapprochent par la plus heureuſe conformité.

Nous continuerons donc à enrichir la France, tous
les Colons de St-Domingue le jurent par ma voix,
à la Nation Françaiſe ; qu'a-t-elle à faire pour con-
ſommer ce paĉte *vraiment de famille* ? *qu'en continuant
à nous protéger*, elle abandonne la plus *juſte* étendue à notre *liberté*.

Liberté! Divinité bienfaiſante, étends ton aile ſur
tout Citoyen Français ſous les deux hémiſphères : par
ta bénigne influence entretiens parmi eux la concorde:
lorſque la Nation & les loix vont régner , que le titre
de *ſujet* ſe confonde avec le titre de frère ; & ne voyons
plus dans le Souverain, qu'une puiſſance proteĉtrice.
Quelle belle idée de la dépendance! Je ne crois
pas poſſible d'en concevoir une plus vaſte, & n'eſt-
il pas doux de penſer qu'elle exiſte, en toute ſa
plénitude, dans le cœur paternel de l'auguſte Chef
de la Nation? Que l'Aſſemblée Nationale en favoriſe
le mode, tel que je le propoſe pour les Colonies ;
alors une réciprocité de devoirs aſſurera à la Métropole, comme à nous-mêmes, une proſpérité à laquelle
rien ne pourra porter atteinte. *Nec civium ardor prava
jubentium, nec vultus inſtantis tiranni, mente quatiet
ſolidâ.*

F I N.

www.ingramcontent.com/pod-product-compliance
Lightning Source LLC
LaVergne TN
LVHW011358170726
843501LV00006B/1903